P.-F. ROUVIER

PORTALIS

DRAGUIGNAN

Imprimerie Olivier et Rouvier, place Claude Gay, 4

1886

P.-F. ROUVIER

PORTALIS

DRAGUIGNAN

Imprimerie Olivier et Rouvier, place Claude Gay, 4

1886

À Monsieur Alfred Saurel,
officier d'académie, Directeur
des Petits jeux Floreaux de
Marseille

Hommage de réelle sympathie
son tout dévoué

[signature]

RÉPONSE

Mon cher Monsieur Rouvier,

Je vous remercie de l'honneur que vous me faites et je l'accepte avec plaisir.

Vous avez pensé sans doute qu'amateur passionné de la Provence, de ses sites, de ses beautés, je devais aussi m'intéresser à ses gloires et partant au renom des grands hommes qu'elle a produits.

Vous avez eu raison.

Oui, j'admire tout ce que notre pays a vu naître de beau, d'utile, de précieux à un titre queclonque, et par conséquent j'approuve et loue hautement toutes les personnes qui emploient leur temps à faire ressortir l'éclat des hommes nés ou des choses écloses en Provence.

C'est commettre une bonne action, c'est faire acte de bon citoyen que de réveiller le patriotisme, à l'encontre des prétendus esprits forts, des généreux cosmopolites qui veulent tout mêler ou confondre dans un ensemble d'humanité sentimentale en apparence mais vulgaire dans la réalité.

Restons patriotes et nous demeurerons Français et faisons toujours de notre mieux pour que ceux qui nous entourent deviennent comme nous.

Recevez, mon cher Monsieur, l'assurance de mes meilleurs sentiments.

ALFRED SAUREL.

PORTALIS

Portalis est né au Beausset (département du Var), le 1ᵉʳ avril 1746.

Il descendait d'une honorable famille de cultivateurs. Son aïeul avait été désigné par ses concitoyens comme le plus apte de la paroisse à remplir les fonctions de consul. Les pouvoirs que lui conférait cette charge étaient beaucoup plus limités que ceux des maires de nos jours. Néanmoins, cette situation lui fit apprécier les immenses avantages que nous accorde l'instruction et il inspira à ses enfants le goût de l'étude.

Son fils aîné, père de Portalis, avait acquis quelques connaissances qui lui permirent d'exercer, à Aix, les fonctions d'instituteur.

A cette époque, les établissements publics d'instruction primaire n'étaient pas nombreux, et l'éducation du jeune Portalis fut confiée aux Oratoriens de Toulon.

Un des maîtres de cet établissement, chose rare chez les congréganistes, prêtait au jeune Portalis, à l'insu du directeur, les livres nouveaux, les livres empreints de l'esprit de liberté, c'est-à-dire les ouvrages de Voltaire, de Jean-Jacques Rousseau, etc., qui étaient lus dès leur apparition, dans toute l'Europe.

Quelle influence les études d'un livre n'ont-elles pas sur l'avenir des jeunes enfants ! Les premières pluies du printemps font sortir de terre des plantes vigoureuses, de même les premières études, les études libérales, bien dirigées font éclore les grands hommes ?

Portalis, grâce à son intelligence et à son travail, arriva rapidement au premier rang parmi les élèves de l'institution. Ses récréations, aux jours de congé, au lieu d'être employées au jeu, étaient consacrées à l'étude. Il passait son temps dans la salle où se trouvait la bibliothèque des Pères et là il se pénétrait des idées de Jean-Jacques Rousseau. Il lisait aussi les savants ouvrages du grand jurisconsulte Cujas.

Les cahiers et les carnets de Portalis furent bientôt pleins de notes. On aurait dit que ce grand élève de quinze ans amassait déjà des matériaux pour son œuvre future. Par les analyses intelligentes et réfléchies qu'il venait de faire, Portalis entrevoyait déjà la mesure de son génie. Il lui semblait qu'il n'était pas bien difficile d'écrire : et il publia, à l'âge de dix-sept ans, deux essais : l'un, sur les *Préjugés ;* l'autre sur l'*Émile* de Rousseau.

Tous les savants de la Provence furent frappés de la précocité de son esprit.

Dans le premier, il éclairait le peuple, il combattait ces vieilles erreurs qui naissent dans le cerveau des esprits faibles.

Les commentaires qu'il donna sur l'*Émile* de Rousseau furent très goûtés. Le philosophe de Genève avait composé un véritable *Code* sur l'art d'élever les enfants, mais, par son esprit paradoxal, il conduit l'éducateur souvent trop loin. Portalis sut interpréter les pensées de Rousseau : il démontra que, malgré l'exagération, l'exaltation de ces théories, l'*Émile* était de nature à rendre de grands services à l'humanité.

Devenu père, Portalis appliqua les règles de Rousseau, revues par lui ; il donna lui-même l'instruction à son fils Joseph, et l'élève a fait honneur au maître, puisque le jeune Joseph Portalis qui analysait, à dix ans, l'*Esprit des lois* de Montesquieu, a gravi le dernier échelon de la magistrature. Il est resté longtemps président de la Cour de Cassation. Il a été également ministre de l'intérieur, ministre des affaires étrangères du cabinet présidé par M. Martignac (4 janvier 1828 — 8 avril 1829).

Portalis père possédait à vingt ans tous les grades pour exercer la profession d'avocat. Il se fit inscrire au barreau d'Aix, sans toutefois être affranchi de la tutelle de ses parents. Son père ne voulut pas qu'il fût lancé dans la foule, trop brusquement, sans transition, étant par cela même incapable de résister à tous les entraînements de la jeunesse.

Il vécut donc obscurément pendant quelques années, mais ne se décourageant jamais ; il complétait ses études.

Malgré l'intelligence, malgré le génie, l'homme a besoin d'une occasion pour obtenir en sa faveur quelques échos de la Renommée.

Il avait, d'ailleurs, inauguré une nouvelle méthode de plaider qui devait lui attirer certaines protestations de la part des vieux avocats. En effet, Portalis rejeta tout ce falbala de phrases vides de sens qui frappaient l'oreille et ne produisaient aucune impression sur l'esprit. Il bannit de ses plaidoiries ces longues périodes, ce style ampoulé et adopta la méthode naturelle que dicte le bon sens. Il allait droit au but. Ses plaidoyers étaient brefs, mais en revanche, ils étaient presque toujours remplis d'arguments irréfutables.

On rapporte qu'un jour un second président de la Cour d'appel vint le féliciter, à titre d'encouragement, de ses premiers succès :

— Monsieur Portalis, je dois vous dire la vérité ; vous êtes jeune et, malgré cela, vous avez plaidé avec beaucoup

d'esprit. Changez cette méthode qui n'est pas celle du barreau, et vous acquerrez de la réputation.

— Monsieur le Président, lui répondit Portalis, je suis bien sensible à cette marque d'attention et je vous en remercie, mais quant à la manière de plaider, je dois vous dire que c'est le barreau qui a besoin de changer d'allures et non pas moi.

N'est-ce pas là une réponse d'un de ces hommes indépendants, de ces hommes qui portent de mortelles atteintes à l'esprit de routine ?

Portalis avait conscience de ses forces et, tout en plaidant à la barre pour subvenir aux besoins de sa famille , il écrivait des ouvrages dans le silence du cabinet. Il se signala à l'attention publique par une brochure dans laquelle il défendait avec beaucoup d'érudition les droits du pouvoir civil contre le clergé. C'était en 1776 : il avait alors trente ans.

A cette époque le peuple était ignorant et il n'avait pas encore aperçu la lueur de ce grand principe, la *tolérance*. La distance qui séparait les catholiques des protestants était immense : un protestant ne pouvait s'unir à une famille appartenant au culte catholique , et *vice-versa*. Les mariages étaient interdits entre eux, comme autrefois les lois romaines défendaient aux plébéiens d'épouser les jeunes filles des patriciens.

Cet esprit d'intolérance inspira à Portalis de fort belles pages. Il montra un grand talent d'écrivain, en composant l'ouvrage intitulé : *Validité des mariages protestants en France*. Cet opuscule lui valut les hauts suffrages de Voltaire. Il fallait que Portalis eût atteint des régions inexplorées pour obtenir l'approbation du Patriarche de Ferney.

Voltaire, en effet, ne se montrait pas toujours très complaisant à l'égard des savants. Il ne leur accordait que très rarement des encouragements. Voici ce qu'il dit dans un élan d'admiration du livre de Portalis : « Voilà un véritable traité de philosophie, de législation et de politique, bien pensé et bien écrit. »

On peut se dispenser de commenter les termes de cette haute marque d'approbation. Portalis avait fait une œuvre utile à son pays, il expliquait à tous les Français le sens de ce mot tolérance, mot sublime, qui n'est malheureusement pas encore compris de tout le monde à notre époque de progrès.

Tous les hommes pensent ; et, avec leurs pensées si diverses, ils peuvent créer une foule d'opinions, une foule de doctrines et cela avec la même facilité qu'on écrit tous les mots avec les vingt-cinq lettres de l'alphabet.

C'est pourquoi Portalis demandait le libre exercice du culte de toutes les religions, le respect de deux opinions différentes, à condition toutefois qu'elles fussent honnêtes. Par ses écrits, il se créait en province une réputation de philosophe et d'érudit, mais il n'avait pas encore montré les précieuses ressources de son talent d'orateur.

Une occasion, qui devait le rendre comme l'étoile de la magistrature française, s'offrit à lui ; il la saisit.

C'était vers la fin de l'année 1787, lorsqu'un fameux procès, qui eut du retentissement dans toute la France, l'appela, au tribunal d'Aix, en face de Mirabeau. Parler de ce procès, c'est rappeler les principaux traits de la jeunesse et de la vie privée de ce célèbre tribun.

Tout le monde connaissait le génie, l'éloquence du comte de Mirabeau. Malheureusement sa conduite, pendant sa jeunesse, ne fut pas exempte de reproches. Il était violent et brutal. La paix ne régnait plus, depuis longtemps, dans sa famille ; et son épouse, voulant enfin mettre un terme à toutes les persécutions dont elle était l'objet, fait une demande en séparation de corps et biens contre son mari. La demande était facile à produire, mais il fallait trouver un avocat, car Mirabeau avait annoncé qu'il se défendrait lui-même. Portalis promit à la comtesse de défendre ses droits.

Cependant il ne se fit pas illusion ; il entrevoyait déjà toutes les difficultés, mais il eut la pensée du poète « A vaincre sans péril, on triomphe sans gloire, » et il se mit résolûment à étudier l'affaire sous toutes ses faces.

Le jour si impatiemment attendu par la comtesse arriva enfin, et toutes les célébrités de la capitale de la Provence se rendirent au Palais de Justice pour entendre Mirabeau. On affirmait, au milieu des groupes, que ses arguments, son talent d'orateur, lui donneraient gain de cause à la première rencontre.

Les hommes qui jugent d'après les apparences sont susceptibles de se tromper.

On plaignait Portalis ; mais celui-ci, loin d'être découragé, entra hardiment en matière. Il y eut un moment d'émotion dans le prétoire. Il répondait avec sang-froid, surtout avec sagesse à son interlocuteur. Il esquissa le tableau le plus saisissant des souffrances morales de la comtesse.

Sa péroraison se résume en une simple apostrophe, un trait qu'il lança droit au cœur de Mirabeau. Il s'écria d'une voix ferme et quelque peu fière : « Tout ce que je peux vous dire, Messieurs, c'est que je rends un grand hommage aux talents de mon adversaire, je désirerais bien en dire autant de sa conduite. »

Mirabeau, à cette attaque directe, bouillant, exaspéré de voir déjà luire le triomphe de Portalis, répliqua avec violence ; mais ses nouveaux arguments furent refutés avec beaucoup plus de succès que les premiers.

Portalis gagna son procès, et le triomphe de cette joute oratoire le fit désigner dans toute la France par la dénomination de l'*Avocat d'Aix*.

Les vieux routiniers du barreau vinrent tous s'incliner devant leur maître et rendre un juste hommage à la méthode nouvelle qui venait d'être inaugurée.

Cette brillante victoire lui fit obtenir la fonction d'Assesseur de la Provence, charge qui correspond de nos jours au titre de ministre-résident.

Portalis qui avait étudié sérieusement les œuvres de Turgot, de Malesherbes, les projets de réformes des deux grands hommes qui auraient pu prévenir les effets terribles de la Révolution, s'ils avaient été secondés par l'entourage du roi et par la noblesse, introduisit dans l'administration tout un système de perception basé sur la justice.

Il avait extrait des théories des philosophes du XVIII° siècle tout ce qui était de nature à recevoir une heureuse application. Malheureusement sa situation politique allait subir une rude atteinte. Quoique libéral, il avait servi Louis XVI. Ce roi n'était plus à même de porter le lourd fardeau que lui avaient laissé ses prédécesseurs. Les élections de 1789 arrivent, Portalis pose sa candidature, mais Mirabeau qui n'a pas oublié sa défaite veut prendre sa revanche. Quiconque a servi le roi est royaliste, disait le grand tribun. L'avocat d'Aix échoua. Il était donc arrivé trop tôt au pouvoir.

Dès lors Portalis se tint loin des affaires, malgré la protection de l'abbé Siéyes qui lui offrit la préfecture du Var.

L'abbé Siéyes aurait désiré que le premier préfet du Var fût un de ses compatriotes.

Portalis motiva son refus. Il désirait coordonner les matériaux destinés à former le Code Civil et, à cet effet, il vint travailler quelque temps dans son pays natal.

En 1798, il noua des relations avec Bonaparte, pendant que celui-ci s'occupait des études relatives à la construction d'un fort aux environs du Beausset.

L'année suivante, il se rendit à Paris, juste à ces moments où le gouvernement ne savait plus distinguer de ses ennemis ses serviteurs dévoués. Il fut arrêté et resta emprisonné jusqu'à la chute de Robespierre.

Il se présenta aux élections qui suivirent l'expiration du mandat des Conventionnels et il fut élu dans les Bouches-du-Rhône et à Paris. Il opta pour Paris et alla siéger au Conseil des Anciens.

Étant l'un des plus brillants orateurs de cette Assemblée il se signala à l'attention des législateurs par ses projets de loi.

Portalis aimait l'indépendance, la justice et la liberté. Dans plusieurs séances, il repoussa le projet de création d'un ministère de la police. Il reprochait à ses collègues leur esprit d'opposition systématique. A côté des anciens émigrés, il ne redoutait nullement de parler des œuvres de la Révolution, de ces institutions qui sont comme les fleurons de la couronne d'un peuple civilisé.

On peut prouver facilement par l'examen de ses votes que c'était un des députés qui aimaient le progrès, l'amélioration de tout ce qui est utile, sans regarder si les idées appartenaient aux groupes de la Montagne ou à ceux de la Plaine. Il s'est prononcé pour la liberté de la presse.

Constamment opposé aux mesures arbitraires, il dut incognito quitter la France, afin d'échapper au mandat d'arrêt lancé contre lui, le jour du coup d'État du 18 fructidor.

Portalis demeura vingt mois dans le Holstein, en Allemagne, chez le comte de Reventlau. Il profita de cette retraite pour compléter l'instruction de son fils Joseph, ainsi que ses observations sur les lois allemandes. Le coup d'État du 18 brumaire fit disparaître les barrières qui empêchaient son retour en France ; le premier consul qui connaissait son talent l'attacha à sa fortune. Il le nomma président de la Commission chargée de la rédaction du Code Civil. En 1801, il fut appelé à la direction générale des Cultes.

Bonaparte, premier consul, venait de nouer des relations avec le pape et il proposa d'établir une Constitution qui réglât les rapports du clergé avec l'État. Portalis prépara tous les articles organiques de ce nouveau concordat et les défendit à la tribune avec conviction. Il prononça, à cette occasion, un discours extrêmement remarquable.

S'il provoqua le rétablissement des Sœurs hospitalières, s'il améliora la condition si misérable des Desservants, il exerça une surveillance des plus active sur le haut clergé et fit dissoudre toutes les congrégations non autorisées. Les Jésuites notamment furent l'objet de décrets qui les enchaînaient pour ainsi dire. Avec Portalis il leur était impossible de constituer un état dans l'État.

Quant à la grande question qui est inscrite de nos jours dans les programmes de la plupart des candidats à la députation, la séparation de l'Église et de l'État, elle ne se serait jamais posée si les avis de Portalis avaient été pris en considération. L'ancien avocat d'Aix, en effet, avec son caractère tolérant, son esprit de conciliation ,s'opposait formellement à ce que la religion catholique fût déclarée religion d'Etat. Il ne fut pas écouté.

Voici, à propos de Portalis, ce que M. de Sainte-Beuve dans ses Causeries du lundi écrivait dans le journal le *National*. « Dans ses relations avec le Souverain-Pontife, « Napoléon ne pouvait faire choix d'un conseiller plus sa- « vant, plus précieux, plus pur, plus ferme en certain « cas et plus doux dans le mode de résistance que ne « l'était Portalis. »

Que nos compatriotes lisent avec attention ces quatre lignes. Quel admirable portrait ! Le plus *savant* et le plus *précieux conseiller* de l'homme que l'Europe entière désignait en tremblant sous le nom de grand Empereur !

Il s'est acquis un beau titre de gloire en présidant la commission chargée de la rédaction du Code Civil. Il travailla sept mois à la préparation de ce monument de législature, ayant pour collaborateurs Bigot, Tronchet, Berlier, Mailleville et Merlin de Douai.

Napoléon qui prenait de temps en temps part à leurs importantes discussions, rendait souvent hommage à la grande élévation de caractère, aux vastes connaissances de Portalis. Les articles relatifs au mariage, aux droits de propriété, aux contrats aléatoires sont de lui. On lui doit également le beau discours qui précède le Code. Dans un langage élevé, il fit connaître au Corps législatif les raisons qui militaient en faveur de l'institution de cet immense recueil des lois. Pour le récompenser de ses labeurs, Napoléon le nomma Ministre de l'intérieur et assura son élection à l'Académie française (section des lettres).

Fatigué par tant de travaux, la vue de Portalis devint très faible. L'opération de la cataracte ne réussit point et il mourut, en 1807, à Passy.

Le jour de ses funérailles fut un deuil pour la nation et toutes les célébrités parisiennes, Napoléon en tête, ac-.

compagnèrent les dépouilles mortelles de ce grand homme au Panthéon !

On a élevé à ce grand jurisconsulte provençal trois statues : une à Aix, une à Versailles, l'autre dans le palais du Luxembourg.

Comme conclusion de ce petit essai ; de cette ébauche de la vie de Portalis, qu'il nous soit permis de déplorer l'indifférence avec laquelle ce grand légiste a été traité jusqu'à ce jour par ses propres compatriotes.

Cet homme de génie qui est félicité par l'illustre savant dont la plume a fait la Révolution ; qui terrassa le célèbre orateur qui la défendit par la parole, aurait la douleur de dire s'il vivait encore. « Je fais partout des miracles ; dans mon pays on n'y croit pas » ce qui est une honteuse application du fameux proverbe : Nul n'est prophète dans son pays.

Il faut cependant reconnaître que la municipalité de 1881 du Beausset a fait une première action réparatrice en donnant le nom de Portalis, à la rue dans laquelle ce célèbre jurisconsulte a vu le jour ?

Espérons que la municipalité actuelle fera mieux encore que sa devancière et qu'elle fera ériger sur une des places publiques du Beausset la statue de cette célébrité du département du Var, l'une des gloires les plus pures de la France. (1)

(1) En traçant ces lignes en l'honneur de Portalis, nous n'avons eu qu'un but : faire connaître aux habitants du Beausset la vie d'un de leurs compatriotes dont ils doivent à juste titre se montrer fiers. Nous laissons à d'autres plumes plus autorisées le soin de produire une étude complète sur la vie de ce grand homme.

On dirait que ce village a le privilège de donner le jour à des jurisconsultes. M. Emile Ollivier est originaire du Beausset et, singulière coïncidence, la maison du vaillant démocrate Démosthène Ollivier est à peine séparée de quelques mètres de celle du père de Portalis.